오 헨리처럼
마지막 하나는
남겨 놓았어야 했다

오 헨리처럼 마지막 하나는 남겨 놓았어야 했다

초판 1쇄 인쇄 2011년 10월 25일
초판 1쇄 발행 2011년 10월 30일

지은이 | 김가방
펴낸이 | 金泰奉
펴낸곳 | 도서출판 띠앗
등 록 | 제4-414호

편 집 | 박창서, 김주영, 김미란, 이혜정
마케팅 | 김영길, 김명준
홍 보 | 김태일

주 소 | (우143-200) 서울시 광진구 구의동 243-22
전 화 | (02)454-0492(代)
팩 스 | (02)454-0493
이메일 ddiat@ddiat.co.kr
홈페이지 www.ddiat.co.kr

값 6,000원
ISBN 978-89-5854-086-1 (03810)

오 헨리처럼
마지막 하나는
남겨 놓았어야 했다

김가방 지음

도서
출판
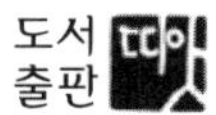

| 시인의 말 |

나는 '장작' 같은 글을 쓰고 싶다.
길게 잘린 통나무가 쪼개져 거친 면을 보여주는 장작.

매끈하게 다듬어지지 않고 싶다.
물에 녹는 설탕이 아니라
설탕 속으로 쭉 빨려 들어가는 물처럼
그런 詩였으면 한다.

- 김가방 -

| 차 례 |

03

애증의 강가에서

04

고백 – 소소한 이야기

05

가을이 사랑하자고 한다

06

나를 위협하는 것들

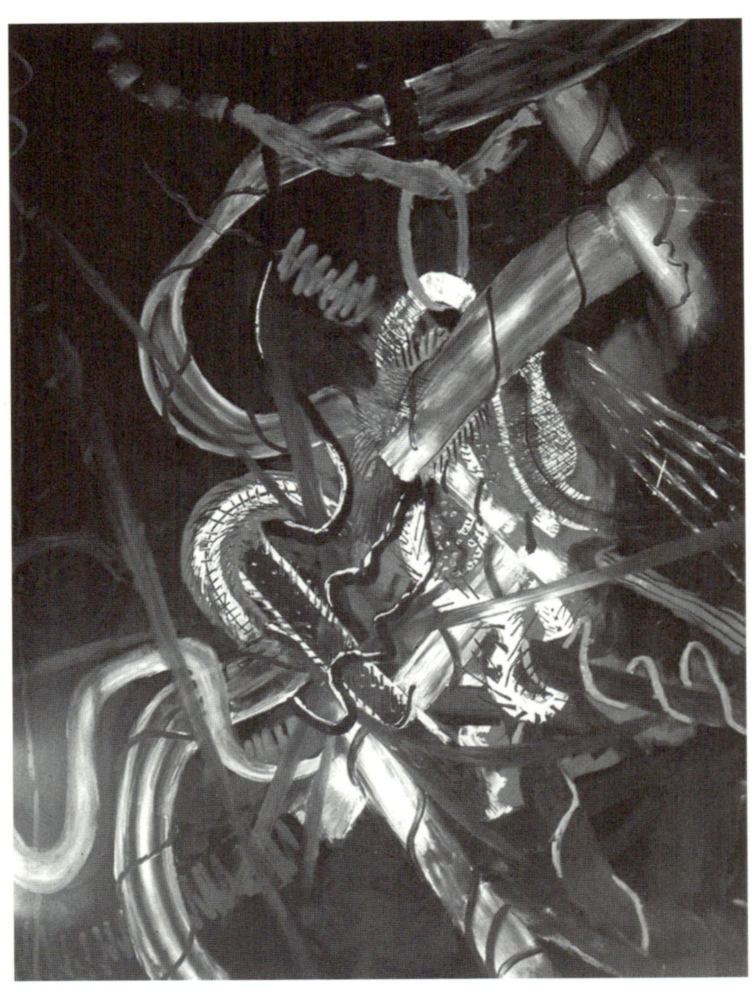

내면의 풍경 3

01

혀가 닳아서 없어질 때까지 하는 욕

잘 만들어진 도시 공간 속에서
조금도 손해 보지 않으려는 인간들과
욕심을 채우기 위해 양심을 저버리는 인간들
서로가 서로를 불신하면서 위선으로 생활하는
이 거리에서 나는 눈알이 충혈되도록 절규하였다

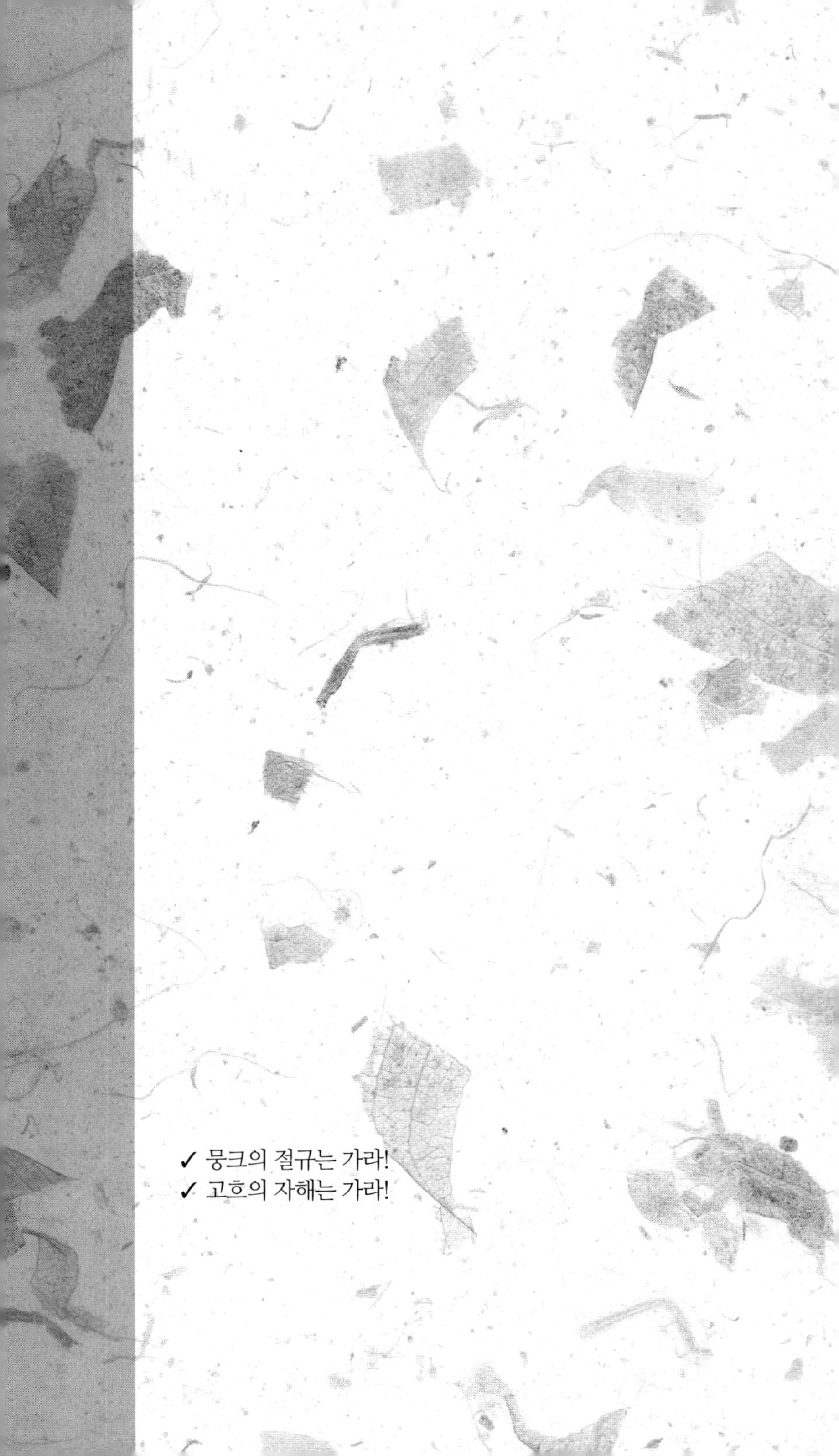

✓ 뭉크의 절규는 가라!
✓ 고흐의 자해는 가라!

절규

너,
너는 인간들을 비웃을 수 있는가?
그리고 세상에게 복수할 수 있는가?
복수가 아니더라도 증오, 분노를 할 수 있는가?
난 내 자신이 완전하고도 가혹하게
파멸될 때까지 인간을 비웃고
세상에게 표정이 없고 싶다
존재하는 모든 것에 표정이 없고 싶다

절규 · 2

— 이제 해골 모습으로 공포에 질린 모습을 하는 뭉크의 절규는 가라

소리치고 싶다
인간들의 고막이 터지도록
달려가고 싶다
드넓은 광야를 야생마처럼

부수우고 싶다
거대한 태산을 모래성처럼
침묵하고 싶다
벙어리가 답답해 말을 할 때까지

다시 침묵하고 싶다
나의 혀가 움직이지 못할 때까지

거부하고 싶다
인간 그 자체를
또 내 자신을 부정하고 싶다
날아가고 싶다
내가 사라질 때까지

그리고
떠나고 싶다
인간들이 없는 나라로

다시 말하고 싶다
진정으로 혀가 닳아서 없어질 때까지
끊임없이 간사한 인간에게 말을 하고 싶다
잔인한 언어로 욕을 하고 싶다

이제는 포기하고 싶다
간사한 인간들에 대해서
이 세상 모든 것을 달관해 버리고 싶다
그 어떠한 놀라운 일로나 사건으로도
충격을 받지 않는 경지에 이르러서 모두를 비웃고 싶다

마지막으로 나의 존재가
모두에게 잔인하게 차갑고 등골이 시려운
악으로 남고 싶다

절규 · 3

어머니 배 속에서 나오던 날
세상을 눈감고 보며
누가 달래도 듣지 않고 눈물 없이 울었다
그때 울었던 의미는
세상에 태어난 슬픔으로 울었다

햇살 퍼지는 따사로운 들녘에서
노란 나비 잡으려다 번번이 실패하고
가슴 터지게 푸른 하늘로 날아가는
나비를 보며 주저앉아 울었다
이때부터 나는
인생은 허무하고
꿈은 영원히 잡지 못하는
무지개임을 알았다

그리고
잘 만들어진 도시 공간 속에서
조금도 손해 보지 않으려는 인간들과

욕심을 채우기 위해 양심을 저버리는 인간들
서로가 서로를 불신하면서 위선으로 생활하는
이 거리에서 나는 눈알이 충혈되도록 절규하였다

절규 · 4

당신은 어린 시절 무지개를 잡으러
들녘을 달려 보고 산을 넘어 본 일이 있는가?

당신은 푸른 하늘 높이 흘러가는
흰 구름을 잡으려 땅을 박차 보았는가?

당신은 인간에게서 무엇을 바라며
지금 존재하고 있는지 묻고 싶다

나는 희망이 없다
그러나 절망 또한 없다
오로지 고독한 허무만 있을 뿐

너 인간들
병든 세상

이제 난 모두에게
이글거리는 악이고 차가운 냉혈이고 싶다

자해

— 그리하여 다시 귀를 자른 고호의 자해는 가라!

고호 귀 자르고 거울 보며 웃다
이상 띄어쓰기 않고 암호 詩 쓰다

풍뎅이 모가지 비틀고 다리 꺾다
금붕어 움켜쥐고 힘차게 터트리다

40男 4살 아이 유인하고 강×하다
부부싸움 아내 묶고 왼쪽다리 자르다

티코 트럭 만나 구겨진 휴지 되다
풍납토성 굴삭기로 뭉개 아파트 세우다

배신,
사랑 도려내고 자유 얻다

인간,
끝없는 이기 추잡한 끝을 보다

자해 · 2

도시의 밤은
둥근 공기를 날카롭게 깎는다

서로의 분노가
삶을 밀고 가는 시간들이 삐걱거린다

무서움이 사라져 버린 사람들
승냥이 되어 시신을 먹는다

날것의 시신을 먹는
그 공기들은 서늘하고 차갑다

가죽과 살을 발라낸
흉측한 뼈들이 도시에 가득하다

내 살가죽 매끈하게 다림질하여
지독한 삶의 냄새와 10을 한다

자해 · 2-1

인공적인 금이든 마음의 벽이든 간에 인간은 자기의 테두리를 만들고 벽을 만든다

인간들의 사소한 시비와 질투 그리고 내뱉은 소음은 공기보다도 많은 시공간을 메운다

이성도 감성도 뒷전으로 밀리는 사람들은 자기 자신과 타인들을 자해하며 존재의 가치를 느낀다

날카롭게 깎인 공기들은 더욱 뾰족해져 자신을 방어한다고 생각하지만 그 반대이다

결국 자기 자신의 모습을 잃어 가고 인간이 사는 세상은 해골이 가득한 폐허가 된다

그들은 좀비가 되어도 이승이 좋다고 살가죽을 다림질하여 지독한 삶의 냄새와 10을 한다

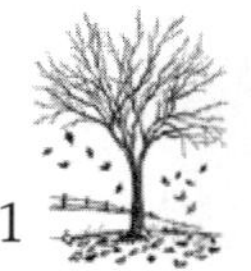

자해 · 3

상처를 입혀라!
끝없이 상처를 입혀라!
모두에게 상처를 입혀라!

절망하라!
절망하라!

당신이 알고 있는
모든 것에 절망하라!

그리고

마음과 정신을
그렇게 찢어 버려라!

자해 · 4

쾌락 오입 에이즈 걸리다
미군 오만 ××생 쥐포 되다

유권자 철새 뽑아놓고 욕하다
10대 화장실 아이 낳고 버리다

에너벨리 청 릴레이 섹스 기록 세우다
나이롱 방석 도난, 할머니 방법 선포하다

막다른 질주

02

흔들리고 무너지는 시간들

먼 곳에서 오는 파도여
네가 부서지며 토해 내는 하얀 피가
수평선은 평온한 게 아니라고 내게 가르쳐 주고 있구나
아무도 모르게 심한 혼란을 가진 바다를
이 밤에 혼자서 가슴 터지게 외치고 있구나

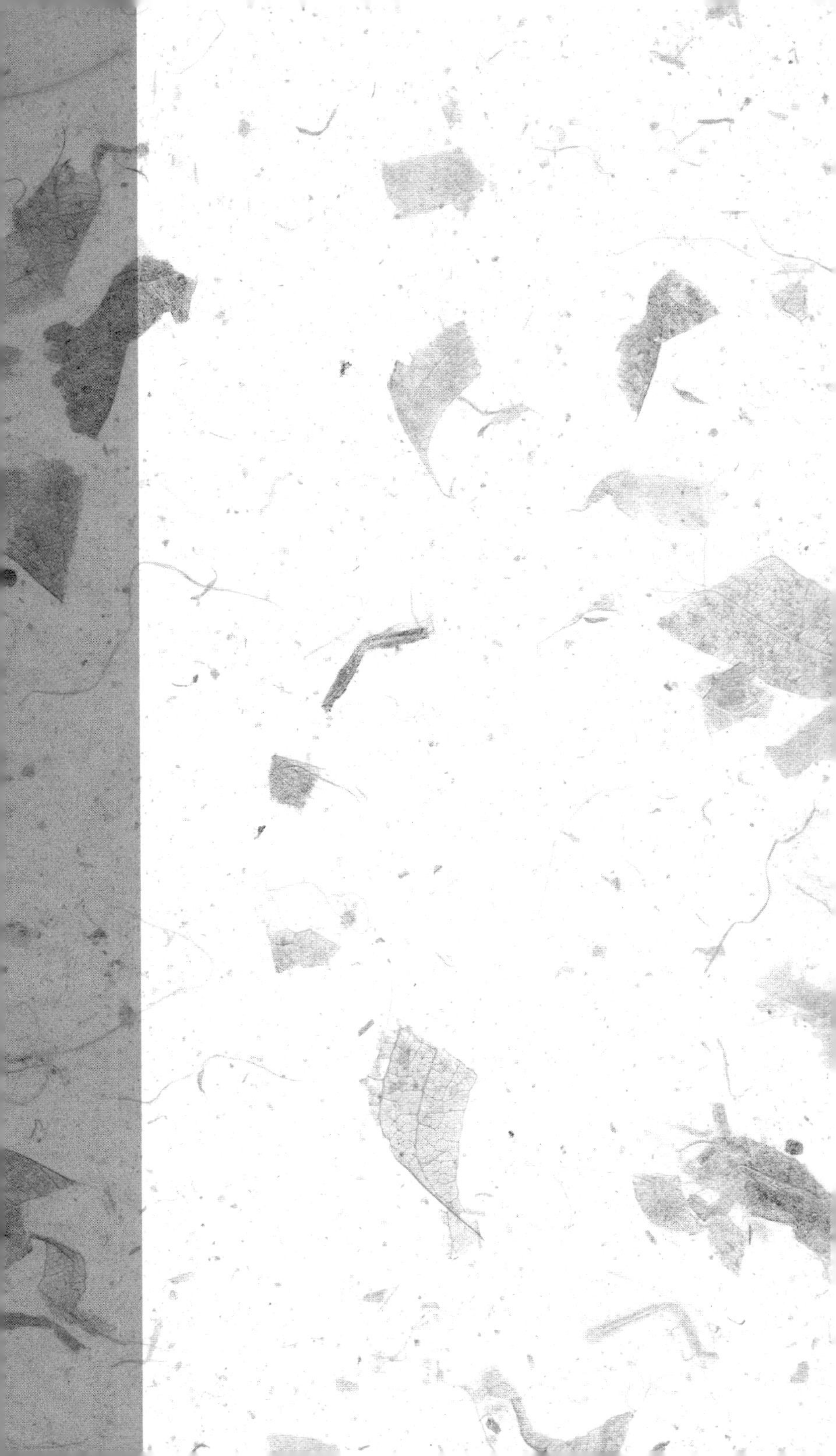

파도

바다는 파도로 인해 살아있다
물결이 일지 않는 바다는
백상어의 하얀 이가 있어도 죽은 바다
파도로 인해 덩치 큰 바다가 살아있다
때론 살아있음을 성난 정열로 말하며
생명 넘침이 일어난다

나도 가끔은
파도같이 넘치는 삶으로 살아있다

파도 · 2

나는 왜?
여기 바다에 왔는가?
진정 무엇 때문에 이곳에 있나
지금 당장 중요한 일이 있는데도
모든 것을 떨쳐 버리고
밤새워 새벽까지 달려온 이유가 무엇인가?
이렇게 지친 몸으로 바다를 왜 찾았는가
왜, 이곳에 서 있는지 진정코 답을 찾고 싶노라

무엇을 찾을 수 있을 것 같은
고뇌하며 헤매이던 방황에서
새로운 나를 발견할 수 있을 것 같은
흔들리는 내 모습이 그칠 수 있는 무언가를
찾을 수 있을 것 같은 마음이었다

한 걸음만 내디디면 씁쌀한 바닷물에
온몸이 젖어 더 이상 갈 곳이 없는데
아무것도 느끼지도 찾지도 못하고 있다

누구도 해 줄 수 없는 답을
바다, 바다 너만큼은 해 줄 것 같았는데…
가슴이 답답하다

끊임없이 계속 밀려오는 파도가
거세게 무엇인가 말해 줄 것 같은데
모두 하얗게 부서지고 만다
그저 밀려올 뿐이다
매일 울어 주던 갈매기도 오늘은
오늘은 울지 않는다
그저 하늘을 날고 있을 뿐
나에게 입을 열지 않는다
바다의 냄새를 풍기며 불어온 바람도
살갗만 스치고 떠난다
모두가 말이 없다

검푸른 물결 위에서
파도가 거세게 일고 있는데

수평선! 어찌 그리 평온한가?
누가 감히 이 선을 건드려
흐트러 놓을 수 있을까?
내가 그은 어느 선보다
잘 그어져 있는 이 평온하고 고요한 선,
저 멀리 있는 수평선이
모든 것을 말해 줄 수 있을 것 같다

갑자기
주위가 모두 회색빛으로 변하고 있다
검푸른 바다에서 물안개가 피어오르며
잘 그어져 있던 수평선을 감히 흐트러트리고 있다
하늘은 잿빛으로 변해 소낙비로
곧 터져 버릴 것 같다
그리고
바람은 머리칼에 심한 반란을 준다
밀려오던 파도, 날던 갈매기 모두 제 길을 잃는다
누구도 손 댈 수 없었던 선이 흐트러졌다

결국,
아무것도
무엇도
느끼지도
찾지도 못했다

다시 처음이었다
애국가의 후렴처럼 지루한 방황이다

모랫벌 위에 앉은 지도 시간이 꽤 흘렀나 보다
엉덩이가 젖어 옴을 느낀다
내가 떠나오던 날 비가 내렸다
지금 쪼그려 앉아 있는 여기에도
빗방울이 나리기 시작한다
내가 가는 곳은 언제나 비가 내린다

파도 · 3

— 바다는 언제나 아무도 모르게 심한 반란을 일으키고 있다

파도이고 싶다
억 년을 침묵으로만 버티어 온 바위에
거세게 돌진하며 자신의 몸뚱어리를
산산이 조각내어 버리는 파도이고 싶다
말없이 살아온 바위의 우직함보다
한순간의 정열로 자신을 과감히 희생하는
용기와 도전이 있는 파도가 되리라

파도야,
파도야 어쩌란 말이냐!
파도야 정말 어쩌려고 하느냐?
억 년의 세월을 살아왔지만
언제나 소리 없는 침묵으로
이 땅에 뿌리박고 있는 바위의 막힌 귀를 뚫어 주려느냐?
침묵하는 입을 열라 그러느냐!

머나먼 수평선 너머서부터
오직 바위에 자기 몸을 산산이 깨부수기 위해

밀려오는 파도, 파도여!
너는 두 얼굴을 가지고 있는
바다의 모습을 말하며 심한 반란을 하는구나!
그리고 모두에게 성이 났구나!
손으로 잡으면 흐르는 네가
그 단단한 바위에 그렇게 무참히 부서지면서도
그치지 않고 더 큰 반란을 일으키는구나

파도야 너는 오늘 바다의 모순을 내게 말하는구나
아득한 저 끝에선 수평선이 세상 무엇보다도
평화와 고요를 말하며 지키고 있는데
너는 피를 토해 내며 네 몸이 깨지는구나

밀려오는 파도여!
성난 파도여!
부딪히는 파도여!
산산이 부서지는 파도여!
오직 하나를 위해 부서지는 정열을

가지고 있는 것은 이 세상 너밖에 없구나!

먼 곳에서 오는 파도여!
네가 부서지며 토해 내는 하얀 피가
수평선은 평온한 게 아니라고
내게 가르쳐 주고 있구나
아무도 모르게 심한 혼란을 가진 바다를
이 밤에 혼자서 가슴 터지게 외치고 있구나!

그래, 파도야
더 때려다오 그리고 처참히 부서지며
억 년 세월 말없는 바위의 말을 듣게 해다오
지칠 줄 모르는 너의
도도한 도전에 나는 경의를 표하노라
그래 마음껏 이 밤을 절규하라
바위와 싸우라!
네, 말이 맞구나!
멀리 있는 수평선은 평온한 것이 아니다

그것은 다만 껍데기일 뿐이다

파도여!

이 밤을 마음껏 온몸으로 새벽까지 절규하라

파도 · 4

무성한 잡초가 언덕을 지배하고 있다
무릎까지 올라오는 기다란 풀들이
거센 바람에 마구 흔들리며
땅위에서 풀파도를 치고 있다

바닷물처럼 밀려오나 돌아가진 않고
하얗게 부서지진 않으나 온몸을 심하게 떨며
무서운 아우성을 친다
풀 위에서 바람이 미끄러지고
언덕 위에는 풀파도가 친다
땅 위에 파도가 친다

풀들이 뿌리를 단단히 박고
온몸으로 외치는 반란을 만든다
풀파도는 거대한 파도보다 무섭게 나를 엄습하며
땅 위에도 파도가 있음을 말한다
땅에도 파도가 있음을 계속 말한다

땅에도

파도가 친다는 것을 허리가 휘어지도록 말한다

발자국

얼마큼 걸어가고 있나
그리고 무엇을 생각하나
뛰어도 뛰어도 다 못할 삶의 길목에 서서

어떻게 살고 있나

봄 햇살의 따스한 양지녘을
한여름 푸른 초원의 녹음을
가슴 터지는 가을 하늘을
검은 숯에 밀집 눈사람을
어찌 모르나…

하지만
눈 감고, 귀 막고, 입 다물고
자칫 떨구려 했던 고개를
더 큰 삶을 위해
더 큰 사람을 위해
더 큰 것을 알기 위해 고개를 들어

걸어간
그대의 모습이 진정 쓸쓸하지 않게
따라오는 발자국이 무안하지 않게

바람과 숲

어둠의 하늘에 박힌 별이 흔들리고
산봉우리도 달빛 물든 물결 속에 흔들린다
잎새 없는 늙은 고목의 팔이 부러지고
소나무는 몸살나게 떨다가 모든 털이 뽑혀 나간다

내가 흔들리고
너도 흔들리고
모두가 취해 버린
지친 어둠

돌멩이 섞인 땅이 자꾸 일어나 머리에 부딪힌다

길

푸른 하늘
붉은 노을에
소리없이 지워지고 있는데
길은 멀기만 하다

붉은 노을
어설픈 어둠에
풀어져 밤이 되고 있는데
길은 멀기만 하다

미치도록 살고 싶다

미치도록 살고자 했다
진정 미치도록 살고 싶었는데
삶이 녹아 버린다

인간답게 살아야 한다는 것
아니 인간이어야 한다는 것
그리고
그 무엇이어야 한다는 것은
너무나 어려운 일이다

길이 있으나 가지 못하는 몸뚱아리
나를 채우고 만들기 위해
헤매었던 끔찍한 방황을 다시 해야 하나
삶을 한곳에 미치도록 쏟아붓는 불나비이고 싶었는데
활활 타는 모닥불로 뛰어든 불나비이고 싶었는데

죽어버린 불
태우지 못한 불

움직이지 않는 불에
이 밤을 날다날다 날이 새면 숨는 불나비가 되었다

무너지는 시간

모든 것이 무너지는 시간
모든 것이 녹아 버리는 시간
무엇으로도 진정시킬 수 없는 찢기워진 가슴
어떻게든 어느 길이든 미친 듯이 살아야 한다

막 달려가야 한다

자유

이 세상 어느 곳에도 갈 곳이 없다
갈 곳이 없다
뛰쳐나와도
삼등열차에 몸을 실어도 갈 곳이 없다
모두가 거부해 버린 손짓과
한길을 가자던 자신의 소리에 지쳤다
분노를 느끼면서 한을 갖고
거대하게 썩은 것에 내가 쓰러지고 있다
나는 갈 곳이 없다
갈 곳이 없다
머무를 곳은 더욱 없다
방황이 가져다주는 자유다
고통의 자유
무서운 자유

자유,
그 끝엔 갈 곳이 없다는 것과 자유는 무섭다는 것

그리고 죽음을 만난다

쓰러지지 않는 자의 괴로움

웃음
언제 사라졌는지
어디서 잃어버렸나
존재의 기억조차 없다
자꾸만 가위눌림처럼
짓누르는 삶의 아픔이
날 힘겹게 한다

고통도
슬픔도
아픔도 잊고
편안하게 잠이 들고 싶다
미워진 표정과
힘든 호흡을 하는 지친 세상에
흔들림을 멈추고 쓰러지고 싶다

하지만
쓰러지지 않는

나의 영혼이 일그러진다

아직도
고통이 남았고
슬픔은 끝나지 않았다
아픔은 가슴에 박혀
빠질 줄 모른다

겨울비

— 쓰러지지 않는 자의 괴로움 · 2

세상의 추한 모든 것을
씻어 내려는지 겨울비가
을씬년스럽게 내린다
하지만,
비가 오면 올수록
더욱 뚜렷하게 나타나는
아픔과 슬픔의 잔영들

과거의 시간 속을 수없이
기억해 내고 기억해 냈다
내가 살아온 삶이라는 시간들을…

얼룩진 상처들만 모래알처럼 가득 쌓여 있다

힘겨움으로 누적된 삶의 무게가
이제는 나를 쓰러지게 한다
버티는 나는 정말 힘들고 괴롭다
제발, 다시는 일어날 수 없게 쓰러졌으면 한다

가을비

아
크게 웃고 싶다
그리고
표정을 짓고 싶다
이것이 아니더라도
낙엽과 섞여 내리는
추적추적한 비를 맞고 싶다

잠이 오지 않는 밤에는 그림을 그린다

쓰디쓴 소주의 냄새가
가시기 전 잠에서 깨었다
보이는 것은 시커먼 공간에
그리다 만 그림들뿐
이제 잠을 자지 못한다

삶도 죽음도 없는
건조한 표정의 하얀 얼굴과
바람이 불지 않는 풍경,
냄새나지 않는 동물,
그리고 품지 못하는 여자들이
처절하리 만큼 나의 공간을 메우고 있다

그것들은 생명을 달라 하고
자기를 품어 달라 한다

항상,
잠이 오지 않는 밤에는 그림을 그린다

불면증

인간들에 대한 마음의 문이
하나씩 하나씩 닫히기 시작한다
이렇게 하다 보면 나중엔
닫을 문조차 없는 상황이 될 것 같다
슬픔의 눈물과 아픔으로
간사한 인간들에게 가슴 터지게
절규하고 싶다
쓴 눈물이 끊임없이 흘러내린다
밤은 너무 힘이 든다
사람의 냄새가 없다
고독한 외로움은
고호처럼 귀를 자르며 자해를 한다

또 날을 샜다
세상의 수면제는 모두다 어디로 갔는가?

불면증 · 2

잠이 안 온다
몸이 지쳐 피곤하고
눈동자가 풀어져
눈꺼풀이 천 근인데
불을 끄고 누우면
잠이 안 온다
호흡이 긴 문장에서
눈을 감고 졸다가
불을 끄고 눕지만
다시 잠이 안 온다 .

불면증에 대한 변명

인간에 대한
마음의 문이 하나씩 닫혔다

오 헨리처럼
마지막 하나는 남겨 놓았어야 했다

하지만 늦어 버렸다
닫을 수 있는 문이 남아 있지 않다

나의 잘못이 아니다
씨발!

사람의 가슴에서 쉬고 싶다

모든 것을 잊고 기대고 싶다
가슴 따뜻한 사람의 가슴에서 쉬고 싶다
너무 힘이 든다
오늘도 밤은 깊어 오지만
나의 가슴은 어둠을 헤매고 있다
무서운 외로움의 시간이 계속되고
나는 지쳐 쓰러진다
이제는 정말 내 자신이
쓰러지는 기쁨을 느끼고 싶다
하지만,
쓰러지지 않는 아픈 상처의 절규들이
내 영혼을 갈갈이 찢어 놓는다
고통으로 다가오는 절대 고독의 느낌들이
그 무엇도 사랑할 수 없을 것이라고 말하며
목마른 갈증을 더욱 갈증나게 한다
이젠 외로움으로 살고 있다
그것이 나를 존재하게 한다

이제 사람의 가슴에서 쉬고 싶다

03

애증의 강가에서

감히 영원한 사랑을 생각했다
인간들의 세상은 얼마나 거짓이고 가식인가
변하기 전까지만 사랑한다
변하기 직전까지만 사랑한다
영원한 사랑은 있지도 않고 존재할 수도 없다

배신

잊을 수 없는 날이다
정말로 잊을 수 없는 날이다

생소한 언어의 울림!
경악, 미련…
모든 것은 무너져 버렸다

진정코 잊을 수 없는 날이다

배신 · 2

일방적인 통보로
이별을 말했다

너무나 갑작스런 일이었다
아무런 준비도 되어 있지 않았다
믿을 수 없다
하지만
모든 것은 끝났다

수많은 추억의 파편이
온몸에 박혀 있어 괴롭다

아프다
미친다
그리고
가슴이 터진다

잠을 이룰 수 없는 밤이다
온몸에 박혀 있는 파편으로 모든 것이 쓰라리다

배신의 길목

증오와 분노의 기운
살인하고
자살하고
인질극을 벌이고
정신이상이 되고
불을 지르고
모함을 하고 음모를 꾸미고
도둑질을 하고 강도로 변하고
⋮

사랑이 가져다준 또 다른 것들
이별 혹은 배신이 가져다준 사건
미친 년놈들

하지만,
이제 그들을 용서할 수 있어
그럴 수밖에 없었던 상황을

그것은 사랑의 막다른 길목에서
울부짖던 처절한 노래였다는 것을

그들은 미친 것이 아니였어
그럴 수밖에 없었던 거지
그럴 수밖에 없었던 거지

더한 일들은
아직 시작되지 않았다

상처

사랑은 모질다
님이 떠나 행복할 수 있다면
보내 주어야 하기 때문이다
보내는 이의 마음은
보내 본 사람만이 알 수 있다
얼마나 아프고 슬픔이 찾아오는지를…

더 좋은 이에게로 가서
진정 행복할 수 있다면
떠나보내야 한다
억장이 무너지는 아픔과 슬픔이 있어도 말이다
님이 진정 행복할 수 있다면

그러나
사랑의 상처는
흉터처럼 영원히 몸에 남아 있다

불멸

영원한 것은 없다
진정 영원한 것은 아무것도 없다
존재하는 모든 것은 변덕 혹은 배신이었다
어리석게도 불멸을 꿈꾸었다
영원을 꿈꾸었다

감히
영원한 사랑을 생각했다

인간들의 세상은
얼마나 거짓이고 가식인가
허튼 소리의 세상
변하기 전까지만 사랑한다
변하기 직전까지만 사랑한다
영원한 사랑은 있지도 않고 존재할 수도 없다

영원한 사랑은 없다
다만 조금 긴 사랑과 짧은 사랑만 있다

치명적 사랑

모든 것을 지웠다
어둡고 긴 터널 속에서 나오려고

모든 것을 버렸다
죽지 않고 내가 존재하려고

그리고
예측 못할 치명적 사랑을 위해
모든 것을 주었다
나의 심장까지도

하지만
돌아온 것은 하늘 무너지는 배신이었다

이젠,
섹스의 다짐을 믿지 않는다

섹스의 신음을 믿는다는 것은
독약을 먹는 것보다 치명적이다

그것은 언제 무너질지 모르는
죽음의 탑 속에 있는 것이다

혼자 흘리는 눈물은 아름답다

곁에는 아무도 없었고
뜨거운 눈물과 소리 없는 통곡이 있었다

항상
생각했었다
울 때는
감정 없이 기계처럼
쇳소리 나게 울어야 한다고

결국,
울고 말았다
쇳소리는 나지 않았고
억제할 수 없는
뜨거운 눈물만 계속 흘렀다
혀가 움직이지 않아
소리 없는 통곡만 나왔다
곁에는 아무도 없었다

아무도 없는 곳에서

혼자 흘리는 눈물은 아름답다

아픔

세상에서 가장 큰 아픔은
사랑하는 사람을 잃는 것

세상에서 가장 큰 슬픔은
사랑하는 사람을 두고 떠나는 것

가슴 미어지는 일이다

그러나
진정으로 아프고 슬픈 것은
아픔과
슬픔을
힘없이 지켜보는 것이다

이를테면 사랑하는 사람이 자기 자신의
아픔이나 슬픔조차도 느끼지 못하는 상황 말이다

가끔은 고통이 너무 크기에
죽임을 생각한다
죽음을 생각한다

하늘 보기

계속 터널이다
맑은 하늘을 보고 싶다
하늘 본 지가 너무 오래되었다
어떻게 생겼는지 기억이 아득하다
터널의 끝은 어디인가?
보이지 않는다

오,
하늘님이여!
맑은 하늘이
맑은 하늘이 보고 싶습니다

04

고백 – 소소한 이야기

바람이 분다고 미리 얘기하지 않으며
바람이 분다고 미리 예고하지 않으니
누구를 탓할 것도 없고
미안해 할 것도 없으리라
모두가 그러한 걸…

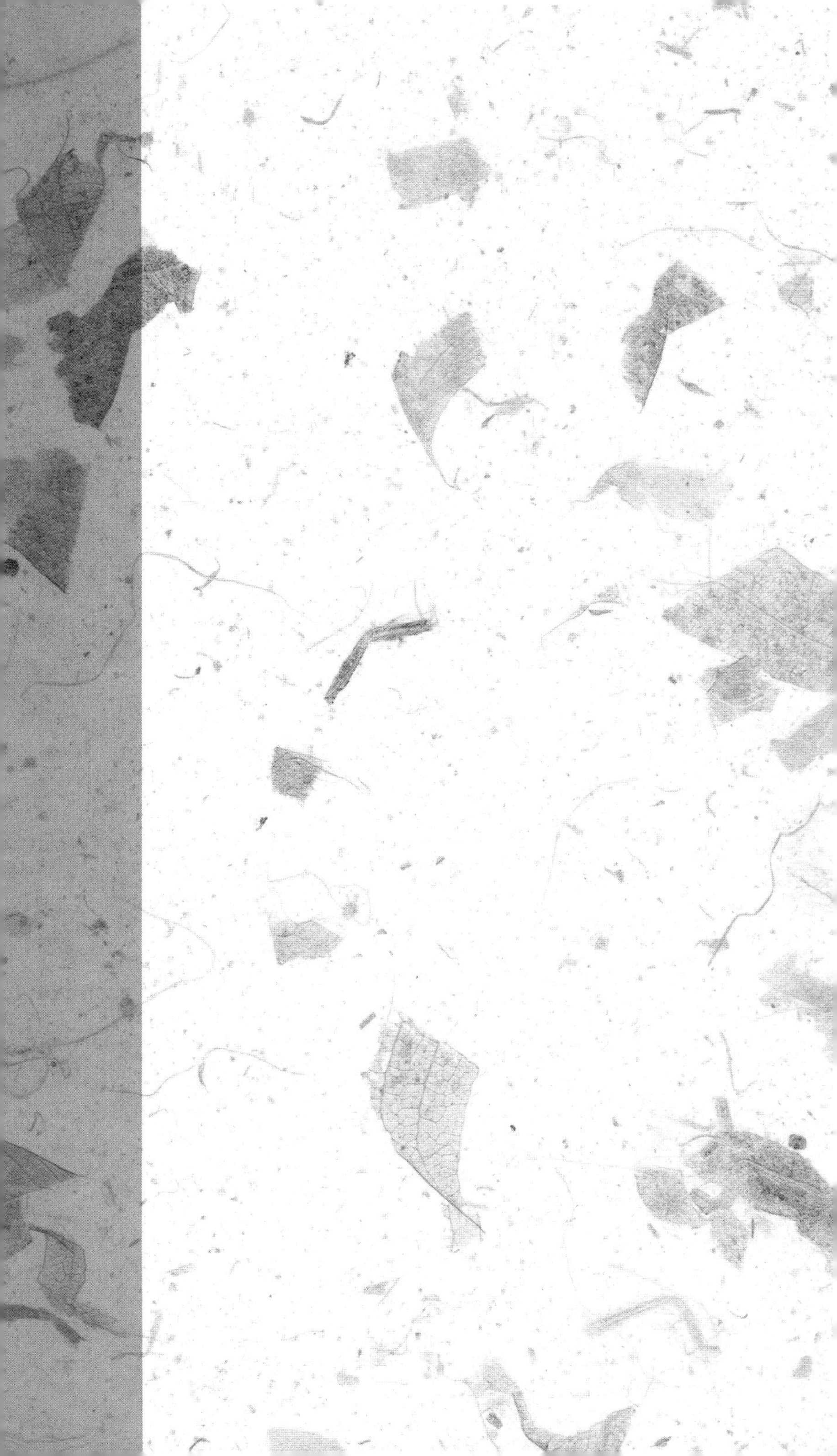

너의 죽음이 필요하다

높다란 회색빌딩이 말한다
너의 죽음이 필요하다

허리가 꺾인 튼튼한 산이 말한다
나의 아가리에 콘크리트 밥을 넣어 달라

달콤한 쾌락이 말한다
너의 신음을 연주하라

모두가 제물이 되었고
제물이 되기 위해 화장하고
밤거리로 다투어 나간다

목숨을 내놓아라
너의 죽음이 필요하다

회색 도시

— 쓰러지는 것은 언제나 사람들이었다

도시는 생각보다 더 흥청거리고 있었다
도시는 생각보다 더 망가져 가고 있었다
모든 것이 생각보다 더 냄새 없이 죽어 버렸다

그리고
계속 죽어 가고 있었다

막다른 질주는
위태롭게 화려한 불빛을 내었다
더 이상
아무것도 얻을 수도 없고 느낄 수도 없었다

도시는 생각보다 더 흥청거리고 망가지는데
쓰러지는 것은 언제나 사람들이었다

쓰러지는 것에는 예외가 없었다
어머니와 학문, 지식, 철학…
감히 범접할 수 없는 존재들도 쓰러진다

쓰러지는 것에는 예외가 없다

쓰러지면 쓰러질수록
발기되는 자×처럼 빌딩은 높아졌고
밤의 놀이는 화려해졌다

도시는 생각보다 더 휼청거리고 망가지는데
쓰러지는 것은 언제나 사람들이었다

소소한 이야기

지쳐 있다
헐떡거린다
쓰러질 것처럼 핵핵 거린다
많은 날들이 무의미하게 스쳐 갔다
6월은 그냥 흘렀고
7월도 그냥 흘러갔다
생산 없는 무의미한 시간의 연속
똥이 되어 가는 모습에 구토가 났다

아니
소소한 얘깃거리는 있었다

이를테면
5월엔 5월보다 많은
섹스의 신음을 먹었고
4월엔 녀석을 살인하기 위해
수면제 60알을 먹였고
나는 물 같은 소주를 한없이 먹었다

피 말리는 고통으로
상처를 내고 가슴을 찢었지만
녀석은 다음 날
히죽히죽 웃으며 눈을 뜨고
나는 신을 저주하는
두려움으로 아침을 맞았다
그 녀석은 죽을 목숨이 아니었고
나는 살인자의 운명이 아니었다
녀석과 나는
끝까지 살아야 하는 고통의 매듭이었던 거다

며칠 전 15층 아파트에서 목매 죽은 선배처럼
팍 죽어 버려 친구들 술안주나 될까?

그러나 나는 죽지 못한다
시퍼런 고통이 아직도 남아 있기 때문에

자기 땅이 있다

우리는
발가벗고 만나기를 원치 않는다
마음을 연다는 것은 어려운 일

사람과 사람 사이엔
천 년 가도 쓰러지지 않는
벽이 있다

누구에게도 주고 싶지 않은
자기의 땅이 있다

내가 아는 모든 것이 절망이다

일찍이 흡혈귀 친구를 자랑하다
요절한 친구가 있었다
풍뎅이의 다리를 모두 꺾고
목을 비틀어 기도한 친구가 있었다

가지 않는 껍데기를 가라고 외치다
메아리도 듣지 못하고 먼저 간 친구가 있었다
입 속에 검은 잎 하나 물고 곧 죽어 없어지는 것만
그리워한 슬픈 친구가 있었다

또,
살아남았다고 슬퍼한 이상한 놈도 있었고
목숨밖에 줄게 없는 세상이라고
처절하게, 고통스럽게 사랑의 노래를 부른
여자도 있었으며
끝내 컴퓨터와 10을 하지 못하고
잔치를 끝내는 여자도 있었고
흐린 주점에 앉아 뼈아픈 후회를 하는 친구도 있었다

거기에
사랑하다 자살하라고 하는 친구와
보×에 자꾸자꾸 동전을 넣자는 놈과
곁에 있는 사람을 그립다 하고
단세포들을 현혹시키는 녀석과
오적을 이야기하다 중심이 괴롭다는 사람과
거대한 뿌리와 풀로 억압에 맞선 사람과
쇠창살 아래 칼과 피를 처절하게 외치다
병으로 죽어 버린 투사와
쓰디쓴 소주로 노동의 새벽을 노래한 사람

또한
죽음이 가득한 피고름을 토하며 요절한 여인도 있었고
개 같은 날을 기록한 녀석도 있었고
강은 사막에서 죽고
비는 서서 죽는다 노래한 사람도 있었다

비밀, 암호로 詩를 쓴
친구는 많은 사람을 고민시켰다
⋮

그리고
아주 가끔은 이해할 수 없는
천사 시인도 있긴 했다
그는 결국 하늘로 돌아갔다
어쩌면 그는
6개월 전의 외상값 200백 원을 갖다 주는
어머니보다 인간다웠다

다시
쓰레기 같은 수많은 무정란의 시와

그것과 힘겹게 싸우는
수정란의 詩들에게
저주가 있었으면 한다

내가 알고 있는 모든 것이 절망이다

인터뷰

— 사랑이란 무엇인가?

[즐거움]

— 너무 쉽게 생각하고 말한 것은 아닌지?

[그렇지 않다. 진리를 말했다. 사랑은 즐거움이다.]

— 그럼, 가벼움이란 말인데…

[가벼움도 무거움도 아니다. 말했듯이 즐거움은 진리다.]

— 그것이 진리라면 세상은 욕망을 채우려는 행위로 문란해지고 쾌락의 노예가 되어 병만 들 것이다. 이점에 대해서는 어떻게 생각하는가?

[더 이상 병들 곳은 없다. 그리고 문란해진다는 것에 동의할 수 없다. 영원한 사랑은 존재하지도 않고 있을 수도 없다. 다만 조금 긴 사랑과 짧은 사랑만 있을 뿐이다. 다시 말해 긴 즐거움과 짧은 즐거움이란 말이다.]

— 그렇다면, 여러 명을 동시에 사랑해도 된다는 말인가?
[당연하다. 자기가 느끼고 싶은 즐거움만큼 사랑을 하는 것이다. 오래도록 한 명일 수도 있고, 하루에 여러 명이 될 수도 있고, 동시에 여러 명일 수도 있다. 좋은 것은 좋은 것이다. 언제나.]

— 그러면 당신이 가장 좋아하는 것은 무엇인가?
[섹스]

— 대체 당신은 무엇이 되고 싶은가?
[현실과 3차원 가상현실을 혼동하며 가상의 세계를 현실처럼 살아가는 사이버 펑크족]

— 인터뷰에 응해 줘서 고맙다. 나가서 뭐라도 같이 먹었으면 하는데 좋아하는 음식이라도…
[마약]

딴생각하는 부처

바람이 분다고
미리 얘기하지 않으며

바람이 분다고
미리 예고하지 않으니

누구를 탓할 것도 없고
미안해 할 것도 없으리라

모두가 그러한 걸…
누가 누구한테 미안하며
누가 누굴 가라 오라 하는가?
가지 말라 하는가?

사람과 사람의 인연이
어찌, 예상한 대로
어찌, 말한 대로 가겠는가?

온갖 잡탕 삶의 냄새와 10을 해대는
딴 부처에 비하면 그대는 행복하리

딴생각하는 부처 · 2

사소한 일에 목숨을 걸든
대의를 위해 목숨을 걸든
이해한다

어떤 다짐을 했건
어떤 신념을 보였건
이해한다

흔적이 있었건
흔적이 없었건 간에
몇 바퀴를 돌았건 간에
이해한다

난,
딴생각하는 부처니까

딴생각하는 부처 · 3

눈을 지그시 감고
알 듯 모를 듯
미소만 지어 대는
돌부처

보×를
발음하는지 모를 일이다

05

가을이 사랑하자고 한다

어제 진실을 이야기하며 사귀었던 친구들이
잊혀져 가는 그리운 얼굴로 존재하는 오늘이다
서로가 자기의 삶을 살아도 이제는 그들에게 관심을 갖자
갑작스런 만남으로 서먹함과 미안함을 느끼기 전에
그리움을 느낄 땐 연락을 하고 소식을 전하자

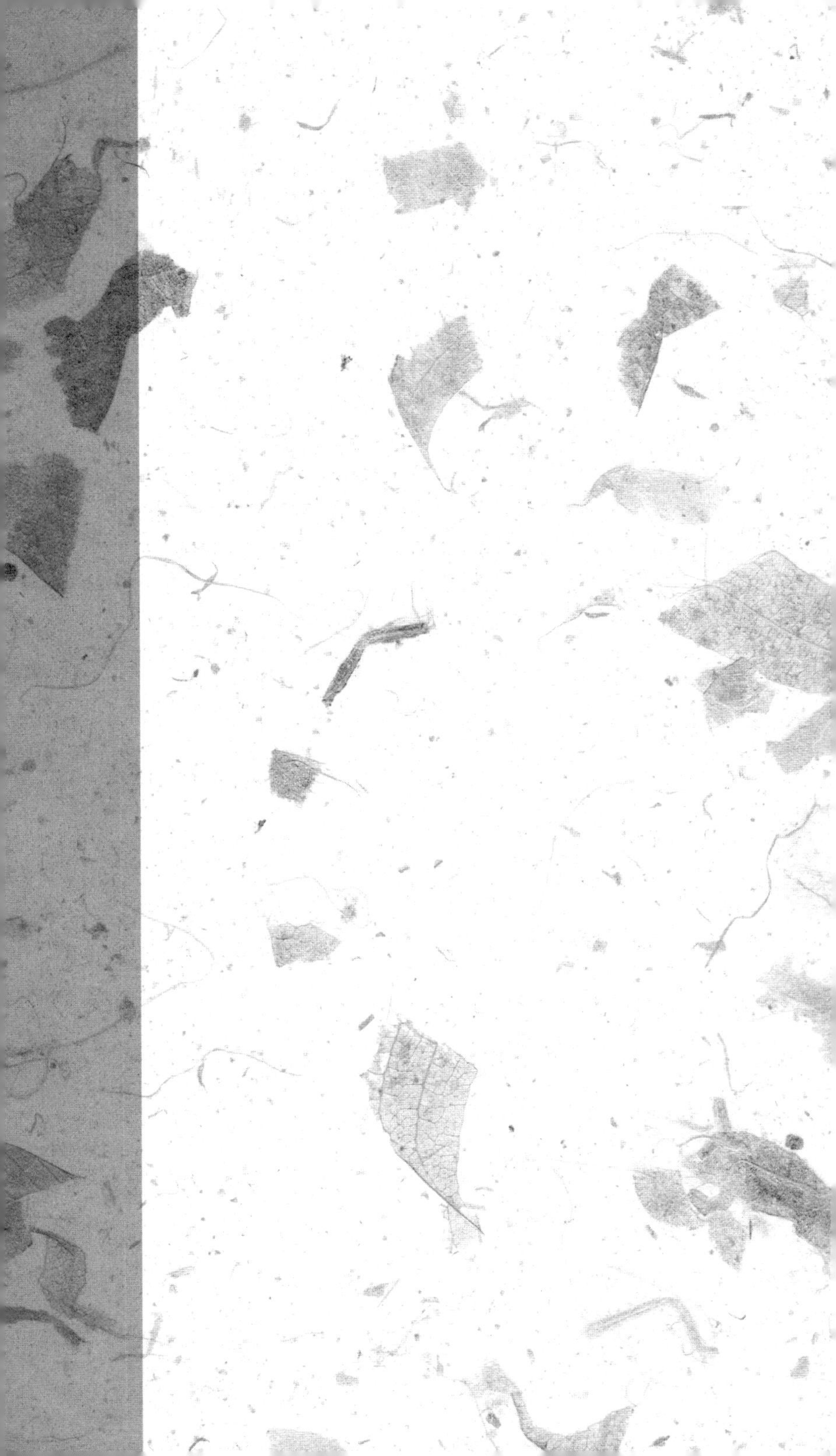

소나기

모든 생물의 즙을 짜는
찜통 같은 사우나 날씨와
죽음보다 건조한 메마른 땅에
반기를 들었다

바늘처럼 날카로운
대가리가 쑤셔 박혀 깨진다
오만한 더위에
소나기는 대가리 쑤셔 박고 깨진다
아무도 말릴 수 없다
비의 공간에
서 있는 몸이 너무 작다
삶에 있어서
소나기 같은 시간이 지나갔다

눈물 담아 오는 날

요즘은
친구를 만나고 헤어지면
마음 서운하여 눈물 난다
나이 먹으니까
노는 것, 술 먹는 것도
예전 같지 않다
자가용 때문에
집 때문에
출근 때문에
⋮

구속하는 것들이 많아졌다
만나기가 무섭게
돌아가는 것을 걱정한다
걸죽한 음담패설과
고기와 상추
그리고 담배연기를
함께 밀어 넣고

낙엽처럼 바쁘게 흩어진다
사는 것이 전쟁이다

모두가 슬프다

친구를 만나고 헤어지면
마음 서운하여 가슴속에 눈물 담아 온다

외로움

하늘 빼곡히 메우며
쏟아지는 눈처럼

낮은 땅을 향해
쏟아지는 폭포처럼

쏟아지는 가을

노란 은행잎 폭포
가을을 마구 떨어트린다

질주하는 차량 앞서 보내고

가을과 손잡고
낙엽의 폭포 속에서

외로움

가을의 리듬 - 단풍을 보다

시간이 흐르면 고귀해지고
죽음이 가까워지면 아름다워지는 그대
마음을 말없이 색으로 표현하고
내면에 가지고 있는 피의 색을 보여주는 그대

겨울이 오기 전
가을 리듬을 마음껏 연주하는 그대는
곧 내가 된다

가을의 연주가 끝나면 그대는 나
추운 겨울 뼈대만 남은 그대는 나
리듬이 없는 그대는 나이다

서시

— 1 —

슬픔이다
어린 왕자처럼 퇴색되지 않은 순수한
삶을 그려야 하지만
인간임을 외면하지 못해
잃어 가며 색을 만들며 소리 없이 성을 쌓는다
그리고 잃어버린 그것들을 찾고 싶어
슬퍼하며 후회하며
이미 퇴색된 마음을 그리워한다
보이지 않는 유리벽을 앞에 놓고서 말이다

— 2 —

허전한 마음의 구석을 메울 수 없기에
나 뿌리 없이 흔들리며 인생을 살아가도
모나지 않은 삶을 위해 동그라미를 그린다
더불어 나를 이루기 위한 성실한 노력에
꿈이 깨어지는 두려움으로
어설픈 몸짓을 짓지는 말아야 한다
이루어진 나보다
모나지 않은 삶이 중요하기 때문이다

서시 · 2

— 3 —

그리운 사람을 생각한다
잠시만 보아도 사랑을 느낄 수 있는
하늘처럼 청아하고 바다처럼 깊은 눈을 가진
타인을 그리워한다
이제 그 눈을 만나고 싶다
처음 만남이 술 한 잔 먹고 난 만남같이 느낄 수 있는
그런 타인을 인연이 아닌 필연으로 만나고 싶다

— 4 —

내 사랑을 생각한다
그 누구에게도 발견되지 않은
이름 없는 사랑을 생각한다
가슴 시린 눈발을 녹이고
마른 가지에 햇살을 주며
잎새로 피어난 사랑을 생각한다
그리고 내일은 이름 없는 사랑을 부르고 싶다
아직 찾지 못한 사랑을 찾아
어두운 밤에도 하얗게 빛나는
사랑탑 하나를 만들고 싶다

서시 · 3

— 5 —

모든 것이 만남이고 떠남이다
그리고 아무 말도 하지 않는 것이다
만남이 겨울비가 된다면 시린 가슴이 찾아와도
슬픔의 눈물을 지워야 하고
갈림길이 된다면 하나 됨을 느껴도
이별의 아쉬움을 잊어야 한다
하나가 둘이 되어 헤어지는 것이 아니기 때문에
아픈 추억을 되뇌어도 되리라

— 6 —

마음 설레이며 계획하고 떠나는 것은
여행이 아니다
바람에 흔들리는 자신을 발견했을 때
그리고 갈등 속에서 헤매며
참지 못할 고통과 감정이 찾아오면
설레임이 아니라
또 다른 자기를 찾기 위해
언제 돌아와야 하는지
자신도 모르며 떠나는 것이다
새로운 나를 찾고
허전함을 채우기 위해 혼자 떠나는 것이다
여행은 삶의 무게를 한 짐 지고
혹은 한 짐 지러 떠나는 것이다

서시 · 4

— 7 —

어제 진실을 이야기하며 사귀었던 친구들이
잊혀져 가는 그리운 얼굴로 존재하는 오늘이다
서로가 자기의 삶을 살아도
이제는 그들에게 관심을 갖자
갑작스런 만남으로 서먹함과 미안함을 느끼기 전에
그리움을 느낄 땐 연락을 하고 소식을 전하자

— 8 —

지금껏 허무한 마음을 한 번도 어떻게 하지 못하고
텅 빈 가슴을 작고 미미한 이기심으로 채우려 했다
나의 성이 무너지면서 잃어가는
많은 것을 느끼지 못하고
타인들의 위태함을 보고
가슴 아파했던 어제를 느낀 지금,
아픔과 슬픔을 맛보는 나는 무척 다행스러운 일이다

구토

더 이상
무정란의 시는 올리지 않겠다
이를테면
서시 1에서 서시 4까지…
말장난뿐인 단어와 문장들
구토가 난다

이러한
구토물에
아무 반응도 없는 이곳은
바다같이 넓은 마음이 있는 곳인가?

더 이상
구토 나는 시는 올리지 않겠다
며칠 동안
읽어준 분들께 사죄한다
원래 그런 시를 쓰는 놈이 아니다
○○화, ◇◇연, □□원, △△윤…

이런 류의 시에
알레르기가 있다
꾸며진 언어로 치장하는
말장난 무정란에 신물난다

그런 시를 쓰는 놈이 아니다

직장의 정의

역겹기도 하고
허무하기도 하고

힘들기도 하며
아프기도 하다

또한
어쩔 수 없기도 하다

그리고
원하지 않는 의무 방어전이다

가을이 사랑하자고 한다

가을이 사랑하자고 한다
푸른 하늘을 걸어가는
하얀 구름이 함께 길을 나서자고 한다
바람이 떠나자고 한다
나뭇가지를 타고 가는
그리움이 그대 곁으로 가자고 한다

그대의 마음이 낯선 바람으로 채워질까 봐
나는 그대 곁을 맴도는 바람이 되었다
가을이 그대 곁으로 가라 한다

고목

답답한
내 주변의 공간과 인연들

어느덧
절반을 살아 버린 듯한 삶

용트림하듯 구겨져
갖혀 있는 내 안의 기운들

나의 잔치는
시작하기도 전에 고목이 되고

가을 하늘에
매달려 목매어 죽어 버렸다

섹스

바라본다
접촉

핥는다
만지다
빨다

신음

뼈가 녹도록
느끼다

섹스 · 2

삶이
지치고

존재의
시간들이 힘들어

마음과 정신이
피폐해졌을 때

섹스는 최고의 위안이 된다
고통에서 벗어나는 유일한 방법이다

06

나를 위협하는 것들

언제부터 존재하고 있었던 것일까?
거대한 백색 얼음 덩어리
감히 태양빛을 반사하여 낮은 기온을 유지하는 곳
그곳에서는 상상할 수 없는 풍경이 펼쳐진다

변태

클림트의 키스와
에곤쉴레의 포옹
백신스키의 그로테스크한 괴기로움

열광하는 팬들에게
자위를 하던 짐 모리슨
자학으로 자기를 보여주던 프리다 칼로

그리고
모친 장례식장에서 섹스를 하며
오르가슴을 느꼈다고 쓴 어느 작가의 고백은
변태였을까?

48시간의 기록

이틀이
어떻게 지나갔는지 모른다

한 일이라곤
좋아하는 비디오들을
되풀이되는 CF광고처럼 계속 보았다
『델리카트슨 사람들』
『핑크프로이드의 벽』
『2019년 블레이드 런너』
『론머맨』
『트레인스포팅』
『파리에서의 마지막 탱고』
『가위손』
『베를린 천사의 시』
『크래쉬』
『토탈리콜』
『나인 하프 위크』
『트론』

『도어즈』

『내츄럴 본 킬러』

『콘택트』

『글루미썬데이』

나중엔
론머맨이 가위손이고
글루미썬데이가 탱고이고
델리카트슨 사람들이 천사가 되었다

우울하게 하는 것들

아름다움이 가득했던
아바타 영화를 보고 나니
며칠 동안 우울했다

그날 밤이 우울했고
다음 날 오전이 우울했고
오후가 우울했다

환상적인 풍경들은
어머니의 눈동자가 그랬던 것처럼
나를 우울하게 했다

지독한 아름다움 속에는
우울씨가 있었다

불편의 법칙

성적 결합을 결혼이라 한다
공식적인 섹스가 가능하다는 선언
당당하게 할 수 있다는 통념을 공표한다
공표한 것이 끝난 것은 아니다

성적 결합 소멸을 이혼이라 한다
당신과는 섹스를 하지 않겠다는 선언
이제는 그 사람과 안 하겠다는 통념을 공표한다
마찬가지로 공표가 끝난 것은 아니다

소멸 후 다시 결합하는 것을 재혼이라 한다
인위적으로 다시 섹스를 하겠다는 선언
하겠다는 공표는 처음이나 그 다음이나 같다
하지만 이것도 끝난 공표는 아니다

1+1
다른 사랑과 욕망을 버리는
불편한 공식이다

야생동물의 세계 – 3개국 편

한국에서 같은 직장동료와 결혼한 A남자씨와 B여자씨는 딸이 둘 있었는데 아내 B여자씨는 둘째를 같은 직장동료 C남자씨의 부모에게 맡겨 키우자고 했다. 큰딸은 16세가 되던 해 가출을 한다. 이유는 둘째를 키우던 C남자씨의 아버지한테 초등학교 때부터 상습적 성폭행을 당해 와서이다. 아내 B여자씨는 C남자씨의 아버지를 두둔했다. 아내 B여자씨가 둘째딸아이와 함께 C남자씨의 아버지와 다정하게 쇼핑하는 것을 목격하고 A남자씨는 유전자 검사를 한다. 둘째딸은 친자가 아니다라는 통보를 받는다

오스트리아에서 A남자씨는 11살짜리 친딸에게 약을 먹이고 수갑을 채워 자기집 지하실에 가두어 키웠다. A남자씨는 24년간 자신의 딸을 성폭행하였고 자신의 딸이 다시 자신의 딸을 7명이나 낳게 하였다. A남자씨의 아내는 그 사실을 전혀 모르고 있었다

중국에서 A남자씨와 B여자씨는 부부이며 아들이 있었다. C남자씨는 A남자씨의 아버지이다. 그런데 어느 날 C남자씨(59살)와 B여자씨(33살)는 결혼을 한다. A남자씨는 아버지와 아내하고 아들을 서로 키우겠다고 싸운다

다시 한국에서 A여자씨는 70살이다. 42살의 아들 B남자씨와 같이 산다. 그곳은 육지에서 몇 시간 떨어져 있고 20여 명 정도의 주민들이 있는 섬이다. 아들 B남자씨는 친어머니를 10여 년 동안 상습적으로 성폭행해 왔다. 아들 B남자씨는 정신질환이 없는 정상인이다

얼음강

언제부터 존재하고 있었던 것일까?
거대한 백색 얼음 덩어리
감히 태양빛을 반사하여 낮은 기온을 유지하는 곳
그곳에서는 상상할 수 없는 풍경이 펼쳐진다

이를테면
바늘 모양의 눈이 날리며
자기 손바닥도 구별하기 어려운 블리자드
사람을 빨아들이는 공포의 블랙홀 크레바스
온 세상이 하얗게 보이고
고저와 원근이 없어지는 화이트아웃
900미터의 두께,
몇 십만 ㎢가 되는 탁자모양의 아이스 셸프

하지만
내게 가장 놀라운 것은
얼음강이다

협곡도 아닌
들판도 아닌
사막도 아닌
얼음 위에서 끝없이 흐르는 물
얼음 위에서 얼지 않고 흐르는 물
청명함만 있고 생명이 없는 얼음강

그 얼음강은 내 마음의 색깔
그 얼음강은 내 정신의 농도
상처받고 살아남다 보니
어느 순간부터 내 가슴엔 얼름강이 흐른다

검은 아스팔트 강물이 흘렀던 가슴엔
이제 차갑고 차가운 얼음강만 흐른다
쇳덩어리도 견디지 못하는 얼음강이 흐른다

당장 이렇게 하고 싶다

남극의 만년설을 떼어다가
내 불알 크기만큼 부셔
방안에 가득 채워 놓고

나는 옷을 벗는다

그리고
얼음 알갱이가 가득한
그곳으로 돌진!

내 피가 차가워지고
차가워질 때까지
누워 있고 싶다

개는 나를 위협했다

개 한 마리가 다가왔다
내가 있는 곳으로 와서 짖어 댄다
놀랍게도 그 개는 대가리가 두 개였다
뒤통수 쪽에 앞의 것과 똑같은 머리가 나와 있었다
개를 경계하며 일어서서 반대편을 보니
그쪽에도 불쑥 튀어나온 머리가 하나 더 있었다
불독과 비슷한 못생긴 얼굴이었다
으르렁거리는 그 대가리 3개가 붙어있는 개가
나를 위협했다

세속도시의 즐거움

내면의 풍경

아픔의 흉터

겨울 고목